웅진주니어

몬스터과학 ❸ 두몽이, 유전의 비밀을 풀다

초판 1쇄 발행 2013년 10월 4일 | 초판 24쇄 발행 2024년 1월 17일
글쓴이 이은희 | 그린이 최미란

발행인 이봉주 | 도서개발실장 안경숙 | 편집인 이화정 | 책임편집 전소현 | 디자인 하늘·민 | 마케팅 정지운, 박현아, 원숙영, 신희용, 김지윤, 황지영
제작 신홍섭 | 펴낸곳 (주)웅진씽크빅 | 주소 경기도 파주시 회동길 20 (우)10881
문의전화 031)956-7523(편집), 031)956-7069, 7569, 7570(마케팅)
홈페이지 www.wjjunior.co.kr | 블로그 blog.naver.com/wj_junior | 페이스북 facebook.com/wjbook | 트위터 @new_wjjr
인스타그램 @woongjin_junior | 출판신고 1980년 3월 29일 제406-2007-00046호 | 제조국 대한민국

ⓒ이은희, 최미란 2013
ISBN 978-89-01-15864-8 74400 · 978-89-01-15247-9(세트)

웅진주니어는 ㈜웅진씽크빅의 유아·아동·청소년 도서 브랜드입니다.
이 책은 저작권법에 따라 한국에서 보호받는 저작물이므로 무단전재와 무단복제를 금지하며, 이 책 내용의 전부 또는 일부를 이용하려면 반드시 저작권자와 ㈜웅진씽크빅의 서면 동의를 받아야 합니다.

잘못 만들어진 책은 바꾸어 드립니다.
※주의 1_책 모서리가 날카로워 다칠 수 있으니 사람을 향해 던지거나 떨어뜨리지 마십시오. 2_보관 시 직사광선이나 습기 찬 곳은 피해 주십시오.
웅진주니어는 환경을 위해 콩기름 잉크를 사용합니다.

3
두몽이, 유전의 비밀을 풀다

글 이은희 | 그림 최미란

웅진주니어

이 세상 어딘가에, 우주 어딘가에 몬스터 마을이 있어요.
그곳이 어디라고 꼭 짚어 말할 수는 없어요.
화산 속일지도 모르고, 오래된 나무 속, 블랙홀 언저리일지도 몰라요.
어쩌면 생각보다 훨씬 더 가까운 곳에 있을지도 모르고요.
몬스터만 아는 비밀이에요.
어느 날 여러분에게 지저분하거나 똑똑하거나
우울한 몬스터 한 마리가 찾아와도 놀라지 마세요.
그건 몬스터에 대한 예의가 아니니까요.

 **차례**

두몽이 학교에 가다 …… 8

두몽이의 잠 못 이루는 밤 …… 16

두몽이의 가출 …… 22

풀리지 않는 의문 …… 34

멘델 신부님을 만나다 …… 42

두몽이, 우열의 법칙을 배우다 …… 46

두몽이, 분리의 법칙을 이해하다 …… 56

변화한 두몽이 …… 62

두몽이, 학교에 가다

첫 번째 발표는 외눈박이몽이었어요. 외눈박이몽은 하나밖에 없는 눈을 꺼내어 수박만 하게 크게 만들더니 벽에다 힘껏 던졌어요. 빨갛고 커다란 눈알이 이리저리 튀어 다니는 건 꽤나 무서웠죠. 차일드 몬스터들은 겁에 질려 비명을 질러 댔어요.

"잘했어요, 외눈박이몽에게 모두 박수! 다음은 털뭉치몽."
선생님이 부르는 대로 차일드 몬스터들은 한 명씩 차례로 나가서 발표를 했어요. 외눈박이몽처럼 친구들을 겁주는 데 성공한 몬스터도 있었고, 무섭다기에는 뭔가 2% 부족한 몬스터도 있었지요.

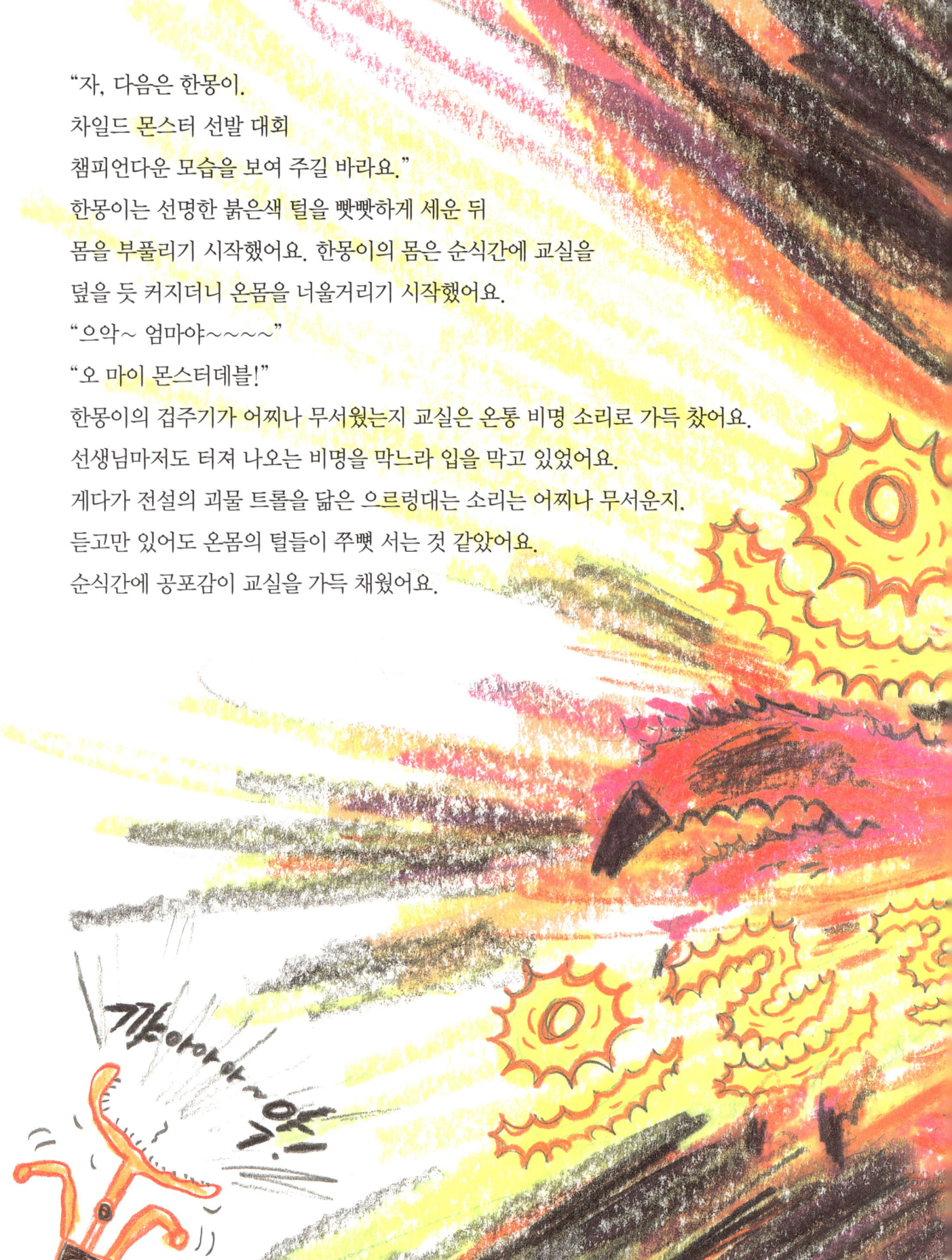

"자, 다음은 한몽이.
차일드 몬스터 선발 대회
챔피언다운 모습을 보여 주길 바라요."
한몽이는 선명한 붉은색 털을 빳빳하게 세운 뒤
몸을 부풀리기 시작했어요. 한몽이의 몸은 순식간에 교실을
덮을 듯 커지더니 온몸을 너울거리기 시작했어요.
"으악~ 엄마야~~~~"
"오 마이 몬스터데블!"
한몽이의 겁주기가 어찌나 무서웠는지 교실은 온통 비명 소리로 가득 찼어요.
선생님마저도 터져 나오는 비명을 막느라 입을 막고 있었어요.
게다가 전설의 괴물 트롤을 닮은 으르렁대는 소리는 어찌나 무서운지.
듣고만 있어도 온몸의 털들이 쭈뼛 서는 것 같았어요.
순식간에 공포감이 교실을 가득 채웠어요.

"쟤, 지금 뭘 하긴 한 거야?"

얼어붙은 듯한 교실 분위기를 깬 것은 선생님이 들고 있던 '공포점수 측정기'에서 나온 축하의 팡파르였죠.
"오호, 한몽이는 역시 대단해. 1학년이 공포점수 측정기에서 만점을 기록한 건 우리 학교가 생긴 이래 처음이야! 넌 역시 최고야!"
선생님의 칭찬에 한몽이는 원래대로 돌아와 쑥스럽게 웃었어요.
"자, 이제 마지막으로 두몽이."
으윽, 드디어 선생님이 두몽이의 이름을 불렀어요. 두몽이는 억지로 왕주사를 맞아야 하는 아이처럼 겁먹은 얼굴로 앞으로 나갔어요.
"삐이이익~"
두몽이는 눈을 꼭 감고 한몽이처럼 있는 힘껏 몸을 부풀린 뒤, 자신이 낼 수 있는 가장 큰 목소리로 소리를 질렀어요.
'그래도 이 정도면 한두 명은 놀라겠지?'
하지만 차일드 몬스터들은 아무런 반응이 없었어요.

하하

캬캬

"저 몽실몽실 부드러운 털 좀 봐~"

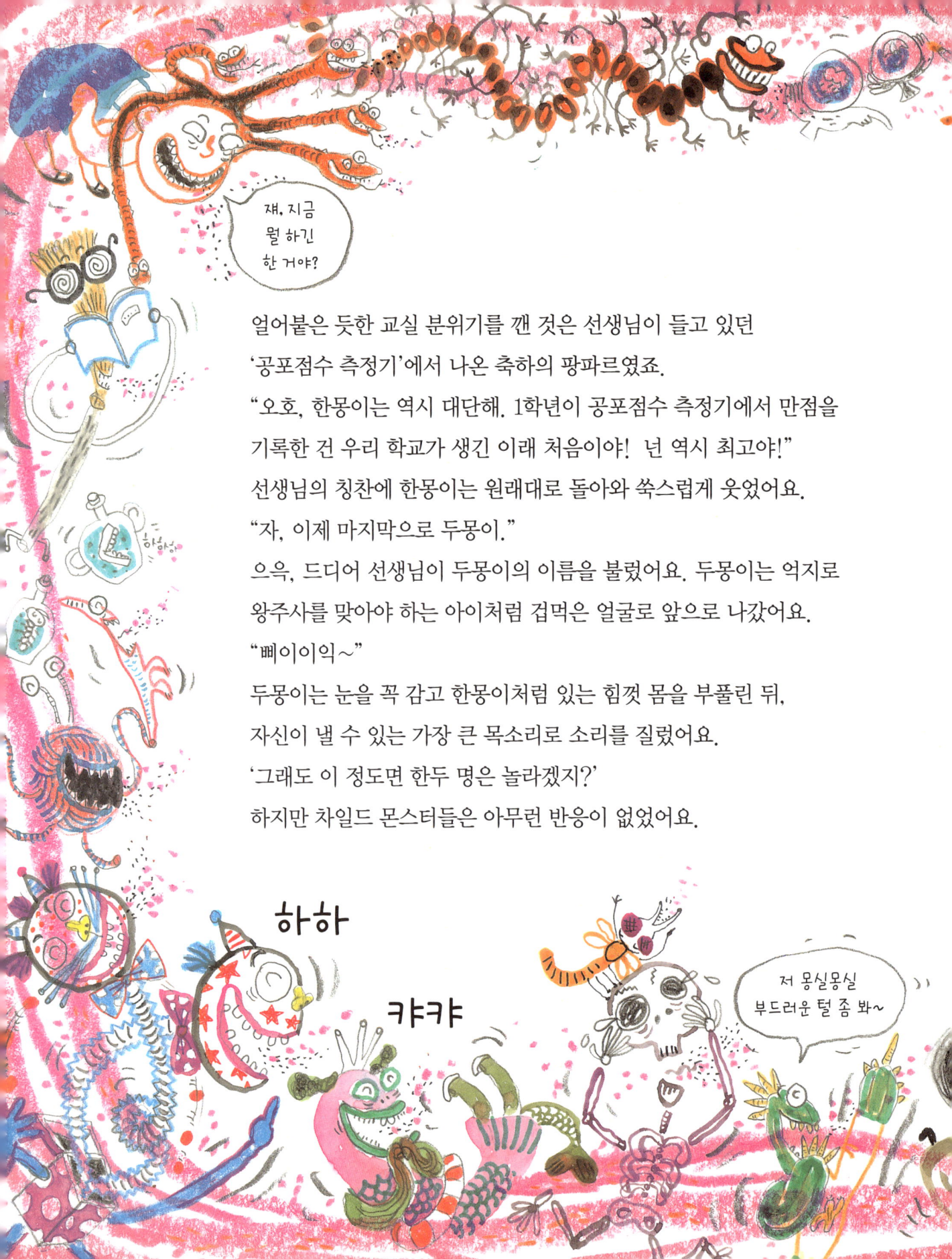

잠시 뒤, 차일드 몬스터들은 까르르 웃으며 두몽이를 놀려 댔어요.
웃음소리가 커질 때마다 두몽이의 몸은 점점 더 작게 쪼그라들었어요.
그때였어요. 갑자기 웃음소리가 뚝 끊겼어요.
두몽이가 살짝 실눈을 뜨고 보니 친구들은 누군가의 눈치를 슬슬 살피고 있었어요.
바로 한몽이였죠. 친구들이 두몽이를 놀리는 것에 화가 난 한몽이가 아까처럼
변신할 준비를 하고 있었거든요. 친구들은 한몽이가 무서워 두몽이를 놀리는
것을 그만두었죠. 하지만 두몽이는 이런 한몽이가 고맙지만은 않았답니다.

쌍둥이인데도 왜 다를까?

일란성 쌍둥이

이란성 쌍둥이

쌍둥이라고 항상 똑같이 생긴 건 아니에요. 쌍둥이 중에는 일란성 쌍둥이와 이란성 쌍둥이가
있기 때문이죠. 일란성 쌍둥이는 처음에는 하나였다가 중간에 둘로 나뉜 쌍둥이에요.
그래서 일란성 쌍둥이는 얼굴도, 성별도, 유전자도 똑같아요. 하지만 이란성 쌍둥이는
두 개의 수정란이 동시에 만들어져 태어났기 때문에 비슷할 수도, 다를 수도 있답니다.
한몽이와 두몽이는 쌍둥이긴 하지만 이란성 쌍둥이기 때문에 성별도 다르고, 생김새도 다른 것이죠.

네가 그럴수록 나만 더 초라해진단 말이야.
도대체 쌍둥이인데도 왜 난 한몽이랑 이렇게 다른 걸까?

두몽이의 잠 못 이루는 밤

오늘은 정말 기분이 엉망이었어요. 일찍 잠자리에 들었지만 잠이 오질 않았어요.
낮에 있었던 일을 생각하면 어디로든 멀리 도망가고 싶은 마음뿐이었어요.
침대에 누워서 얼마나 뒤척였을까요. 깜빡 잠이 들었던 두몽이는
열린 문틈 사이로 들려오는 엄마 아빠의 대화 소리에 잠이 깼어요.

두몽이는 갑자기 눈물이 나서 이불을 뒤집어썼어요.
두몽이네 가족은 엄마와 아빠, 그리고 쌍둥이인 한몽이와 두몽이 네 식구였어요.
그중에서 두몽이를 뺀 세 명은 '모범적인 몬스터 가족'에 꼽힐 만한 멋진
몬스터였어요. 모두 불꽃처럼 새빨간 털가죽에 핏빛 눈동자와
날카로운 송곳니를 지닌 무시무시한 몬스터였거든요.

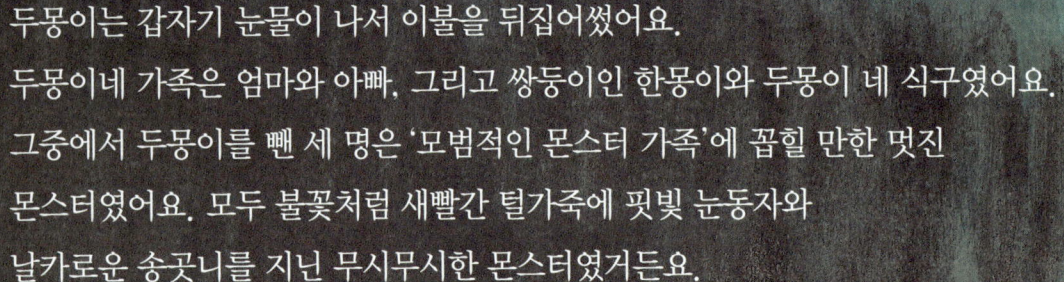

세상에 나처럼 예쁘고 귀여운
몬스터는 없을 거야.
엄마도, 아빠도, 한몽이도
다 무서운 몬스터인데
어째서 나만 이렇게 태어난 거지?
나만 돌연변이인 건가?

순간 두몽이는 머릿속이 번쩍했어요.

여기까지 생각이 미치자 두몽이는 모든 게 이해되었어요.
'내가 왜 지금까지 그 생각을 못 했지? 한몽이는 엄마 아빠를 쏙 빼닮았지만 난 어디 한군데 닮은 곳이 없잖아. 모르는 몬스터들이 본다면 내가 한몽이랑 쌍둥이라는 것을 절대 믿지 못할 거야. 지금까지 난 내가 돌연변이인 줄 알았는데, 사실은 엄마 아빠 친딸이 아니었던 거야.'

돌연변이란?

책 속에 담긴 이야기가 글자로 쓰여 있는 것처럼 우리 몸을 만드는 정보는 유전자에 들어 있어요.
모든 생명체는 부모에게서 아이에게로 유전자가 전달되어 부모를 닮은 아이가 태어나요.
그런데 가끔 이 과정에서 유전자에 변화가 생겨 다른 특성을 가진 아이가 태어나는 경우가 있어요.
이런 아이를 '돌연변이'라 해요. 대부분의 돌연변이는 오래 살지 못하지만
어떤 돌연변이는 살아남아서 새로운 생물로 진화한답니다.

한몽이의 말에 엄마 아빠는 두몽이의 방으로 달려갔어요.
아직까지 자고 있어야 할 두몽이가 침대에 없었어요.

모두들 잠든 이른 새벽. 두몽이는 식구들 몰래 일어났어요.
순간 머리맡에서 구슬 하나가 떨어졌어요. '용의 구슬'이었어요.
'이건 한몽이가 아끼는 건데……'
용의 구슬은 한몽이가 '최고의 차일드 몬스터 경연 대회'에서 우승했을 때 받은 상품이에요. 한몽이가 마음 상한 두몽이를 위로하려고 넣어 둔 선물이었죠. 두몽이는 용의 구슬을 품 안에 단단히 넣고 짐을 챙긴 뒤 살금살금 집 밖으로 나왔답니다.

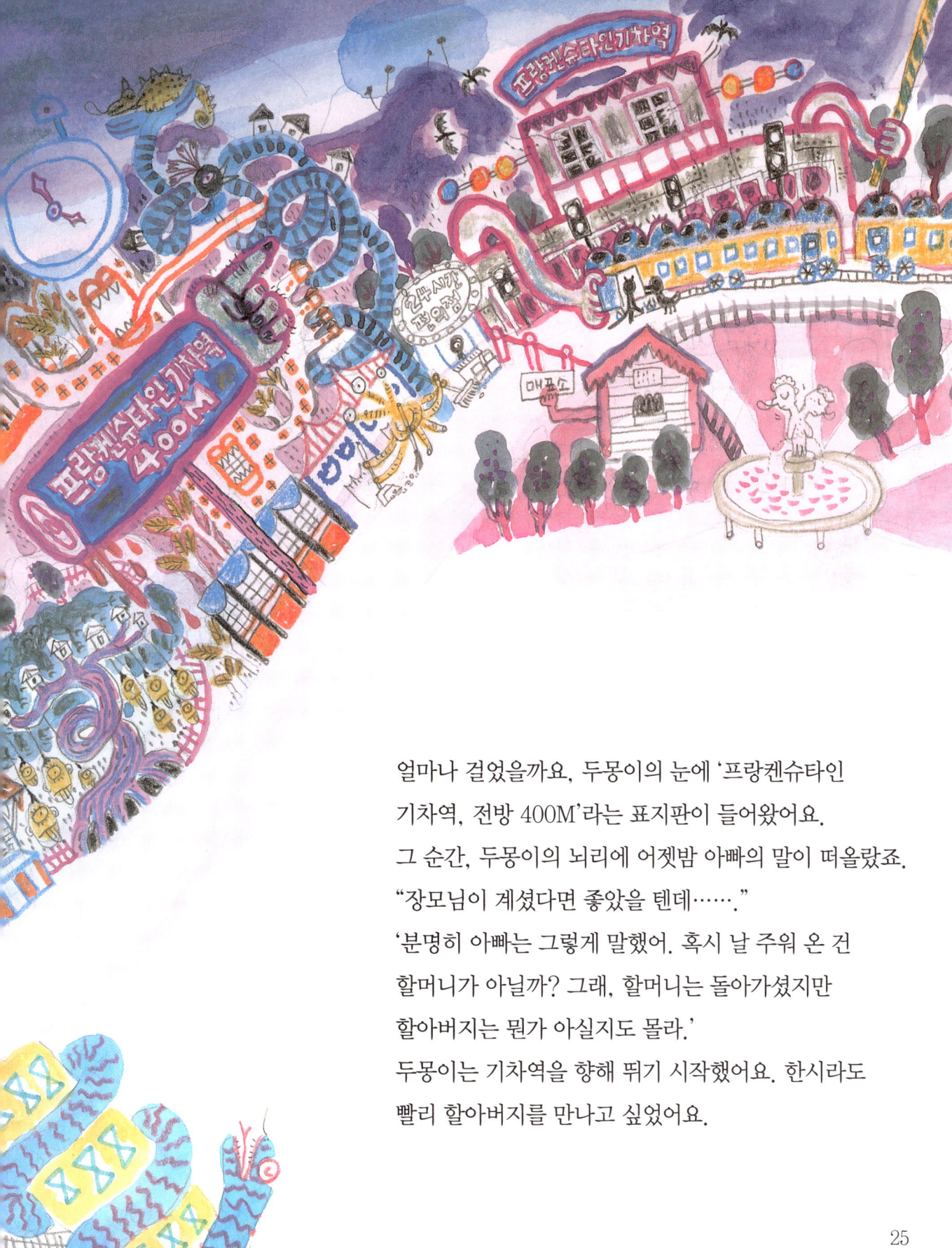

얼마나 걸었을까요, 두몽이의 눈에 '프랑켄슈타인 기차역, 전방 400M'라는 표지판이 들어왔어요.
그 순간, 두몽이의 뇌리에 어젯밤 아빠의 말이 떠올랐죠.
"장모님이 계셨다면 좋았을 텐데……."
'분명히 아빠는 그렇게 말했어. 혹시 날 주워 온 건 할머니가 아닐까? 그래, 할머니는 돌아가셨지만 할아버지는 뭔가 아실지도 몰라.'
두몽이는 기차역을 향해 뛰기 시작했어요. 한시라도 빨리 할아버지를 만나고 싶었어요.

두몽이가 할아버지 댁에 도착한 건 점심때가 지나서였어요.
집에는 아무도 없었지만 두몽이는 비밀번호를 알고 있어서
손쉽게 안으로 들어갔어요. 주방에는 썩은 고기를 넣어
끓인 맛있는 이끼 수프 냄새가 그득했어요. 음식을 보자
두몽이는 갑자기 배가 고파졌어요. 어제 저녁 이후
아무것도 먹지 않았거든요. 두몽이는 서둘러 수프를
그릇에 담고 초록색 곰팡이가 가득 핀 빵에
두꺼비 침을 발라 허겁지겁 먹기 시작했어요.
두몽이는 배가 부르자 조금 졸렸어요.
"어젯밤에 잠을 거의 못 잤더니 졸리네.
할아버지 오실 때까지 조금만 자고 일어나야겠다."

얼마나 지났을까, 두몽이는 잠에서 깨어났어요.
두몽이는 할아버지의 커다란 건초 침대에
도마뱀 껍질 이불까지 덮고 누워 있었어요.

잘 잤니?

할아버지~!

아까 분명히 소파에서 아무것도 덮지 않고
잠이 들었던 것 같은데…….
두몽이는 그제서야 할아버지가 잠든 자신을
침대로 옮겨 주었다는 걸 깨달았어요.

원, 녀석도.
엄마 아빠 기겁하게
만들고 겨우 찾아온
곳이 여기냐?

이럴 줄 알았으면 너에게 미리 얘기해 주는 건데.
두몽아, 이것 하나만은 알아 두렴.
넌 절대로 돌연변이가 아니란다.
사실 넌 할머니를 꼭 빼닮았단다.

제가 할머니를
닮았다고요?

할아버지는 낡은 앨범을 꺼내 두몽이에게 건네주었어요.
앨범을 넘기던 두몽이는 눈이 튀어나올 정도로 놀랐어요.
그 안에는 두몽이랑 꼭 닮은 노랑 몬스터가 있었어요.
바로 어릴 적 할머니였어요.

두몽이는 할머니의 어릴 적 사진을 보자 자신이 주워 온 아이가 아니었다는 사실에 조금은 안심이 되었어요. 하지만 아직 모든 의문이 풀린 것은 아니었죠.

은빛 부리는 칼날처럼 번쩍번쩍 빛났고, 노랑 솜털은 붉고 뾰족한 깃털로 변했어요. 그중에서도 가장 무서운 것은 발톱이었어요. 검은색의 날카로운 발톱은 바위라도 깨뜨릴 것 같았거든요.

우와, 할머니가 이렇게 멋진 몬스터였다니. 어릴 때하고는 완전 다르잖아요!

그래, 너희 할머니는 탈바꿈 몬스터였단다.

탈바꿈 몬스터는 어릴 때와 어른이 되었을 때 모습이 완전히 다르단다. 어릴 때는 귀엽고 예쁘지만 탈바꿈 시기가 끝나면 무시무시한 몬스터로 변하는 게 탈바꿈 몬스터의 특징이지.

두몽이는 너무 기뻐 할아버지를 힘껏 끌어안았어요.
할아버지의 붉은 털은 까끌까끌했지만 지금 두몽이에게는
그 어떤 것보다도 부드럽게 느껴졌어요.

풀리지 않는 의문

두몽이는 자신이 돌연변이도, 주워 온 아이도 아니라는 사실에 기뻤어요.
하지만 할아버지의 품에 안겨 있다 보니 문득 이런 생각이 떠올랐어요.

'할머니와 내가 닮은 건 사실이야. 하지만 그래도 뭔가 좀 이상해.
할머닌 탈바꿈 몬스터였지만, 할아버지는 붉은털 몬스터잖아.
엄마도 할아버지를 닮아서 붉은털 몬스터고, 이모나 외삼촌도
마찬가지잖아. 아빠도 그렇고 말야.

'어떻게 붉은털 몬스터 엄마 아빠에게서 나 같은 애가 태어난 거지?
왜 할머니 모습이 엄마한테는 없어졌다가 나한테만 나타난 거야?
혹시 사진 속 할머니는 엄마의 진짜 엄마가 아닌 걸까?'
여기까지 생각하자 두몽이의 얼굴이 다시 어두워졌어요.

할머니가 네게 남긴 거란다.
할머니가 세상을 떠나면서 나중에
너에게 보여 주라고 했던 거야.

이게 뭐예요?

그럼 이 안에 제가 왜
엄마 아빠를 안 닮고 할머니를
닮았는지 그 답이 쓰여
있는 건가요?

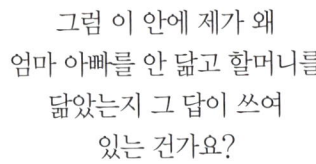

그건 나도 모르겠구나.
네 거니까 네가 직접
확인해 봐야지.

할아버지의 말에 두몽이는
서둘러 봉투를 뜯었어요.
뜻밖에도 봉투 안에서 나온 것은
편지가 아니라 사진이었죠.

할아버지,
이분이 누군지
아세요?

글쎄다.
나도 처음 보는 얼굴인데,
뒤에 뭐라고 써 있구나.

두몽이는 얼른 사진을 뒤집어 보았어요.

브륀시의 성 토마스 수도원,
그레고르 멘델 신부님. 1865년

사진에 쓰여 있는 말은 그것뿐이었어요.
'할머니가 남긴 봉투 안에 비밀의 해답이
있을 거라 생각했는데……'
두몽이는 알 수 없는 사진과
뜬금없는 메모를 보자 갑자기 힘이
쭉 빠져 버렸어요.
영영 비밀을 알 수 없을지도 모른다고
생각하니 눈물이 나올 것만 같았죠.

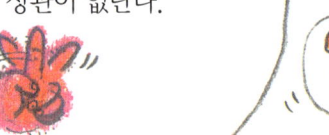

두몽이는 몸이 점점 녹아내리는 것 같았어요.
희미해져 가는 의식 속에 할아버지의 외침 소리가 들려왔어요.
"명심하렴, 두몽아. 연결 고리가 없다면 여기로 다시 돌아올 수 없단다.
용의 구슬은 절대 잃어버리지 말고 잘 챙겨야 한다."

두몽이는 재빨리 콩깍지들을 따기 시작했어요. 처음 해 보는 일이었지만 비밀의 해답에 한 발짝 다가간다는 생각에 신이 났지요.

"신부님! 콩깍지 다 땄는데요. 이제 비밀을 말해 주세요."
"벌써? 그럴 수야 없지. 아직 할 일이 많이 남았는걸. 자, 이리 따라오너라."
멘델 신부님은 두몽이를 데리고 연구실 겸 실험실로 쓰는 창고로 갔어요.
이미 창고 안에는 노랑색과 초록색의 완두들이 바구니마다 그득하게 쌓여 있었죠.
"자, 이젠 콩깍지를 벗겨 노란색 완두는 저쪽 큰 바구니에, 초록색 완두는
이쪽 작은 바구니에 담거라. 그다음엔 노란색과 초록색 완두가 각각
몇 개인지 세어야 해. 알겠지?"

난 미사 시간이라 나가 봐야겠구나. 그럼 부탁한다~

두몽이는 창고 안에 혼자 남자 문득 이상한 생각이 들었어요.

이게 뭐야? 난 왜 내가 엄마 아빠가 아닌 할머니를 닮았는지 그 답을 찾으러 왔단 말이야. 그런데 내가 왜 완두콩 껍질을 까야 해? 게다가 이 많은 걸 다 세어 보라고? 이게 그거랑 무슨 관계가 있는데? 혹시 속은 거 아냐? 아냐, 설마 신부님이 거짓말을 하시겠어? 혹시 나쁜 신부님? 신부님 나빠! 으아~ 머리야파~ 궁금증 풀러 왔다가 더 복잡해져 버렸잖아! 하기 싫어~

두몽이는 머리를 쥐어뜯었지만 뾰족한 방법이 생각나질 않았어요.
결국 두몽이는 바닥에 철퍼덕 주저앉아 콩깍지를 까기 시작했지요.
얼마 지나지 않아 손가락과 손톱이 아파 오기 시작했어요.
손끝은 시꺼멓게 변했고요. 하지만 두몽이는 꾹 참고
열심히 콩깍지를 까고 콩들을 색깔별로 구분했어요.

두몽이, 우열의 법칙을 배우다

두몽이는 대답 대신 퉁명스럽게 종이 한 장을 내밀었어요. 많은 콩깍지들을 까서 분류하고 하나하나 세느라 심통이 나서 말도 하기 싫었거든요. 하지만 멘델 신부님은 신경 쓰지 않았어요.

두몽이는 그제서야 멘델 신부님이 왜 완두를 분류하라고 시켰는지 알 것만 같았어요. 처음에는 노란색과 초록색을 심었더니 노란색이 나오고, 그 노란색을 심었더니 다시 노란색과 초록색이 나왔대요. 마치 초록색 완두는 중간에 사라졌다가 다시 나타난 것처럼 보였어요. 할머니의 모습이 엄마 아빠에게서는 사라졌다가 두몽이에게서 다시 나타난 것처럼 말이죠.

생명체가 부모를 닮아 태어나는 것은 유전자를 부모님에게 물려받기 때문이란다. 내가 가진 유전자의 절반은 엄마에게서, 절반은 아빠에게서 물려받지.

완두도 똑같이 엄마 역할을 하는 암술과 아빠 역할을 하는 수술의 꽃가루에서 각각 절반씩의 유전자를 물려받지.

그런데 이 절반 속에는 각각 어떤 특징을 나타내게 하는 유전자가 하나씩 들어 있단다.

완두의 색을 한번 볼까?
완두는 종류에 따라 노란색과 초록색이 있단다.
즉, 완두는 열매가 노란색이 되게 하는 유전자와 초록색이 되게 하는 유전자를 모두 가지고 있다는 거지.

엄마 아빠로부터 노란색 유전자만 물려받으면 당연히 노란 완두만 열리겠지만 엄마에게서 노란색, 아빠에게서 초록색을 물려받는 경우도 생긴단다.
그럼 어떻게 될까?

우열의 법칙

우열의 법칙은 힘센 우성 유전자와
약한 열성 유전자를 가지고 있을 때
겉으로는 우성 유전자의 특징만이 드러나는 것이다.

두몽이, 분리의 법칙을 이해하다

노랑색과 초록색 사이에 태어난 잡종 완두는 겉으로는 노란색으로 보이지만 실제로는 초록색 유전자도 가지고 있지. 다만 노란색에 가려서 안 보일 뿐이야.

이 사이에서 태어난 4개의 완두는 엄마랑 아빠에게서 각각
노랑 노랑, 노랑 초록, 초록 노랑, 초록 초록 유전자를 받게 되는데,
노랑과 초록이 있으면 무조건 노랑만 보이니까
노랑 노랑이는 당연히 노란색일 테고,
노랑 초록이나 초록 노랑이도 노랑색으로 보이지만,
초록 초록이는 초록색으로 보이겠지.
마치 노랑이만 심었는데 노랑이와 초록이가 3:1의 비율로 태어나는 것처럼 보인단다.

몬스터 가족

아마 너희 부모님은 모두 붉은털 몬스터와 탈바꿈 몬스터의 유전자를 다 가지고 있는 혼혈 몬스터일 거야. 혼혈 몬스터의 경우 잡종 노랑 완두처럼 겉으로는 붉은털 몬스터처럼 보이지만, 실제로는 탈바꿈 몬스터의 유전자를 가지고 있단다.

그래서 모두 붉은털 몬스터인 엄마 아빠에게서 탈바꿈 몬스터인 네가 태어날 수 있었던 거지. 이렇게 한 번 사라졌던 특징이 손자 세대에서 다시 나타나는 것을 분리의 법칙이라고 해.

분리의 법칙

분리의 법칙은 힘센 우성 유전자와
약한 열성 유전자가 만나
자식 세대에 힘센 우성 유전자의 특징만 보이다가
손자 세대에서 열성 유전자의 특징이
다시 나타나는 것이다.

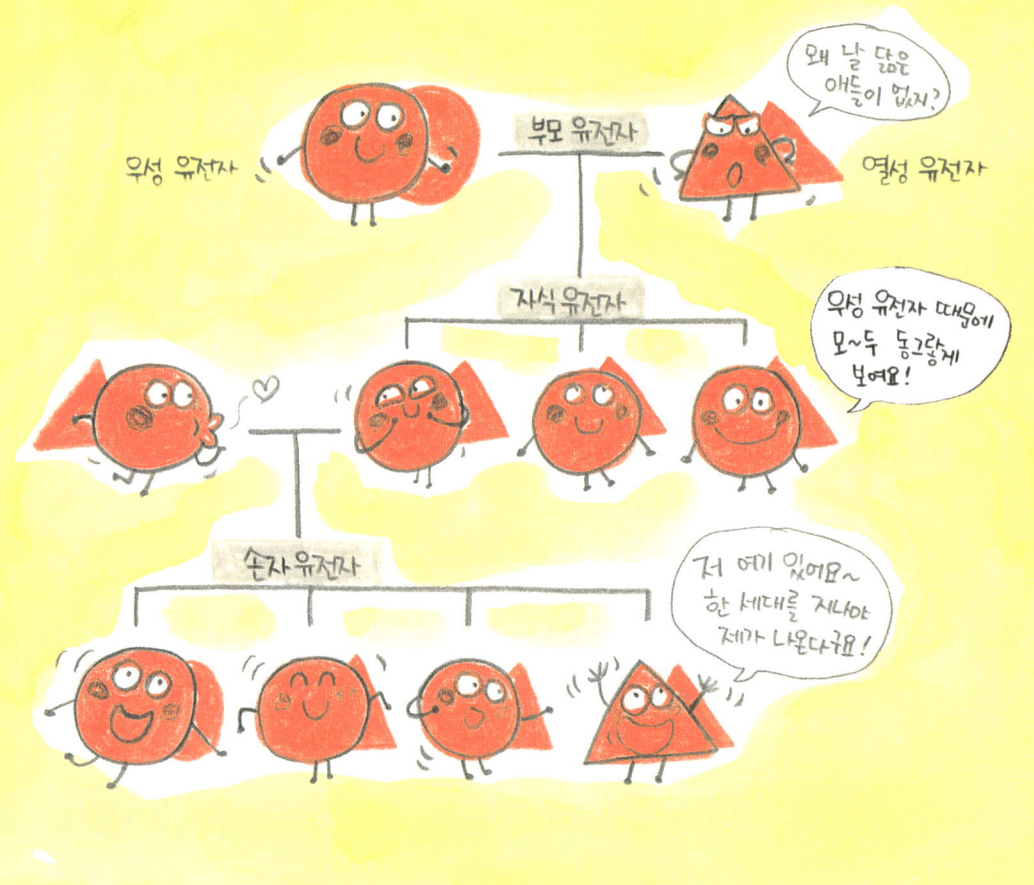

변화한 두몽이

두몽이가 멘델 신부님을 만나고 온 뒤로 벌써 1년이 지났어요.
모든 것이 1년 전과 별로 바뀌지 않았어요.
여전히 두몽이는 귀여웠고, 아이들은 그런 두몽이를 놀려 댔지요.
하지만 완전히 똑같지는 않았어요.
이제 두몽이는 아무리 친구들이 놀려도 움츠러들거나 울지 않았거든요.

어느덧 겁주기 발표 시간이 다시 돌아왔어요. 차일드 몬스터들은 차례로 나가 그동안 갈고닦았던 겁주기 방법을 보여 주었죠. 외눈박이몽의 눈알은 더욱 커지고 붉어진데다 진짜 피까지 뚝뚝 흘리면서 통통 튀었고, 한몽이의 붉은 화염지옥 퍼포먼스는 아무도 따라갈 몬스터가 없었어요.

마지막으로 두몽이 차례가 되었어요. 두몽이가 앞으로 나가자 벌써부터
킥킥대는 소리가 들렸어요. 그도 그럴 것이 두몽이의 연노랑색 깃털은
작년보다 더욱 뽀송뽀송해져서 더 귀여운 느낌이 들었으니까요.
하지만 두몽이는 친구들의 그런 비웃음에도 움츠러들지 않았어요.
두몽이는 갑자기 중얼중얼 주문을 외웠어요.
그러자 어디선가 하얀 연기가 나와 두몽이의 몸을 감싸기 시작했어요.
"저……. 저게 뭐야?"
"두몽아, 장난치지 마. 하나도 안 보이잖아."
그때였어요. 갑자기 연기가 흔적도 없이 사라진 자리에는
귀여운 두몽이 대신에 다른 몬스터가 서 있었어요.

칼날처럼 번쩍번쩍 빛나는 은빛 부리와
새까만 발톱과 선명한 진홍 깃털을 가진
날개 달린 몬스터였어요.
몬스터는 커다란 날개를 펴서 날아올랐어요.
날개 달린 몬스터는 고막을 찢는 듯한
무서운 소리를 지르며 날개를 휘둘렀어요.
날개에서 떨어져 나온 깃털들이 날카로운 표창이 되어
차일드 몬스터들을 향해 날아갔죠.
"파바박!"
"으아악~~"
수십 개의 깃털 표창들은 차일드 몬스터들을 아슬아슬하게
스쳐 지나가면서 교실 바닥에 꽂혔어요. 깃털 표창에는 방울뱀이나
독거미는 저리 가라 할 정도로 무시무시한 독이 묻어 있었어요.
그 모습을 본 차일드 몬스터들은 등골이 오싹해지면서 부들부들 떨었죠.
도대체 저 날개 달린 몬스터는 누구인 거죠?

그때였어요. 날개 달린 몬스터가 점점 줄어들더니
다시 귀여운 두몽이로 돌아왔어요.
두몽이는 발표를 끝내고 자리로 돌아갔지만
여전히 교실은 조용했어요.
차일드 몬스터들과 선생님은 너무 놀라
벌린 입을 다물지 못했어요.

자…… 잘못했어.
다신 안 놀릴게.

아까
귀엽다는 말
취…… 취소!

내가 누구냐고?

두몽이가 고민을 해결하는 데 결정적인 역할을 했던
멘델 신부님에 대해 좀 더 알아볼까요?

유전의 법칙을 처음 찾아낸 멘델 신부님의 이름은 그레고르 멘델(Gregor Mendel, 1822~1884)이에요. 1822년 7월 22일에 오스트리아 힌시세에서 농부의 아들로 태어났어요. 멘델 신부님은 어릴 때부터 호기심이 많고 탐구하는 것을 좋아했지만, 집안이 너무 가난해서 대학에 갈 수 없었어요. 그럼에도 불구하고 공부가 너무나 하고 싶었기 때문에 신부님이 되기로 했지요. 신부님이 되려면 신학뿐 아니라 다양한 교양과 학식을 쌓아야 하기 때문에 싫어도 공부를 많이 해야만 했거든요. 그렇게 간절한 바람은 항상 길을 찾아내기 마련이에요. 수도원에서도 무엇이든 열심히 공부하려는 모습을 기특하게 여긴 수도 원장님이 멘델 신부님을 비엔나 대학에 보내 공부할 수 있도록 도와주셨거든요. 그리고 멘델 신부님은 비엔나 대학에서 배운 지식을 토대로 7년 동안 수도원에 딸린 온실에서 완두를 재배하여 유전에 관한 세 가지 중요한 법칙을 찾아냈지요. 유전 현상을 설명하는 세 가지 법칙은 '우열의 법칙', '분리의 법칙', '독립 유전의 법칙'이에요. 이제는 '멘델의 법칙'으로 더 잘 알려져 있답니다.

글 이은희

가끔 돌아보면 운명처럼 느껴지는 일들이 있습니다. 왜 하필 그때 그 순간에 낯설기만 한 그곳에 갔는지, 왜 하필 그때 내가 평소와는 다른 그런 행동을 했는지, 제게 있어서는 이 책이 그랬습니다. 이 책의 주인공을 쌍둥이로 설정한 것은 그저 유전 법칙을 쉽게 설명하기 위해서였어요. 그런데 글을 쓰기 시작하면서 제게 어린 천사가 찾아왔다는 사실을 알게 되었고, 거짓말처럼 쌍둥이를 가졌다는 사실을 알게 되었어요. 글쓰기를 끝내고 원고를 넘긴 뒤에 태어난 쌍둥이들은 실제로 동화 속 한몽이와 두몽이처럼 남매 쌍둥이였고, 출생 순서마저도 남자아이가 오빠로, 여자아이가 여동생으로 태어나며 한몽이-두몽이와 완벽한 도플갱어를 이루었죠.
우리 집 쌍둥이들은 자라면서 아마 보통 아이들보다는 더욱 많은 고민을 하게 될지도 모릅니다. 왜 같은 엄마에게서 동시에 태어났는데도 서로 다른지, 왜 서로의 몸은 점점 더 다르게 변해 가는지에 대한 고민을 하게 되겠지요. 이 책이 언젠가 우리 쌍둥이가 자라서 스스로에 대해 고민할 시기에 좋은 선물이 될 수 있길 바랍니다.

연세대학교 생물학과 및 동대학원 신경생리학 전공, 졸업 후 신약연구소에서 연구원으로 3년간 근무하다가 블로그 형식으로 인터넷에 연재하던 글이 책으로 발간되면서 얼떨결에 작가로 데뷔했어요. 고려대학교에서 과학언론학 전공으로 박사를 수료하고 현재는 한양대학교에서 학생들을 가르치며 '하리하라'라는 필명으로 과학 작가로 일하고 있어요. 지은 책으로는 〈하리하라의 생물학 카페〉 〈하리하라의 과학블로그〉 〈하리하라의 세포여행〉 〈하리하라의 몸 이야기〉 등이 있어요.

그림 최미란

저는 형제가 오빠와 나 둘뿐입니다. 우리는 좀 생김새가 달라요. 어릴 땐 막연히 오빠는 엄마 닮아서 나는 아빠 닮아서 그런가 보다 하고 생각했죠. 그런데 조카가 태어나 저와 닮은 모습을 보자 너무 반갑더군요. 아빠와 나, 그리고 조카까지 이어지는 유전이라는 고리가 신기하기도 하고요. 세상은 돌고 돌고 도는 큰 공 같단 생각이 들어요.
그린 책으로는 〈저승사자에게 잡혀간 호랑이〉 〈돌로 지은 절 석굴암〉 〈우리는 집지킴이야!〉 〈출동! 마을은 내가 지킨다〉 〈칠머리당 영등굿〉 〈껄껄 선생 여행기〉 등이 있어요.

몬스터과학 1 공주의 뇌를 흔들어라 김성화, 권수진 글 | 나오미양 그림
몬스터과학 2 우주의 끝이 어디야? 함석진 글 | 강경수 그림
몬스터과학 3 두몽이, 유전의 비밀을 풀다 이은희 글 | 최미란 그림

〈몬스터과학〉 시리즈는 계속 출간됩니다.